AF599821

FERNANDO BAYÓN MARINÉ
LITTLE ETERNITY

FERNANDO BAYÓN MARINÉ

LITTLE ETERNITY

Prólogo
RAMÓN TAMAMES

HUERGA & FIERRO editores

Diseño de Colección: Huerga y Fierro

Primera edición: 2025

C/Sebastián Herrera, 9
28012 Madrid-España
Telf.: 91 467 63 61
www.huergayfierro.com
huerga@huergayfierro.com

I.S.B.N.: 979-13-990189-3-6
Depósito Legal: M-9041-2025
Impreso en Romadac Industria del Libro
Impreso en España/Printed and made in Spain

Prólogo

Al escribir este prólogo tuve bastantes razones para hacerlo, y antes de iniciarlo me pensé mucho cómo sería el proemio, para salvar lo escrito de posibles controversias sobre qué hacemos los economistas, y también todólogos en muchos aspectos, dedicándonos ahora a presentar poemarios. Con la copiosa nómina de poetas que hay en este santo país que es España.

He tenido bastantes amigos poetas, desde Dionisio Ridruejo hasta Manuel Juliá. Uno en mi primera juventud en los tiempos de la rebeldía estudiantil de 1956, cuando un conjunto de colegas de mayor edad, entre ellos Dionisio, apoyó el Manifiesto de la Universidad para la reconciliación de los españoles. *El segundo caso fue ya en la senectud.*

Los Sonetos a la piedra *de Dionisio me parecieron muy convincentes, muy trabajados, resultando al final con una métrica y una música de fondo que recordaba tanto a Garcilaso de la Vega, que en los años 50 del siglo XX tuvieron un momento de casi adoración de la hermosa escritura del vate de Toledo, autor de aquellos versos inigualables que dicen más o menos:*

Flérida para mí dulce y sabrosa
más que la fruta del cercado ajeno,
más blanca y más hermosa
que el prado de abril de flores lleno.

Un poema que conviene recitar en momentos en que pueda asomarse la depresión del artista.

En el caso de Manuel Juliá, su vivencia en las planicies de un lugar de La Mancha de cuyo nombre sí quiero acordarme, la co-

marca maravillosa en donde está la plaza más pensada y terminada, en Almagro, una obra de los tiempos de los Fúcar, los banqueros de Carlos V. Con mucho de pensamiento sobre lo que pueda haber más allá, por lo cual no es difícil entrar en un territorio claramente cósmico, en el que uno tiene especial facilidad de movimiento, por aquello de que está más bien en lo imaginario que en la realidad, según hablamos Juliá, poeta cósmico, y yo.

Entre esos dos poetas citados y caracterizados en cierto modo por ellos mismos, me encuentro de pronto con los trabajos de Fernando Bayón, que tienen características muy de apreciar, como cuando se refiere a la identidad o al recuerdo, o cuando habla precisamente de sus primeros reconocimientos de la persona a quien dirige mayormente los pensamientos poéticos, en su libro Little eternity.

Una frase que parece es simplemente poética, y que no pretende sino rellenar un espacio etéreo, pero que sin embargo nos da lo que llamaría Javier Cercas la posibilidad de desarrollar toda una anatomía del instante, y reflejarla para siempre en los versos que se desvanecen.

No vamos a tener aquí una presencia de los modelos poéticos que más se valoran del panorama literario de los hispanohablantes, al estilo de un Miguel Hernández, o según las pautas de algunos poemarios de la Generación del 27, o del eterno Antonio Machado. No encontró el autor en este florilegio la búsqueda de una gesta, de una conquista más allá de lo normal, de un pronunciamiento más o menos discutible en los términos de la sociedad en que vivimos. El lenguaje de Fernando Bayón y los contenidos de su pequeña eternidad son más íntimos, más concentrados en la otra persona; más intimista, lo cual no impide apreciar la naturaleza de todo lo que hay alrededor nuestro en la vida, se prolongue mucho o poco.

Y yo evocaría también, en la penumbra del área en que se mueve Fernando Bayón, a Jaime Gil de Biedma, que para muchos es la clave de los años últimos del siglo XX, con una poesía rompedora en muchos aspectos, pero que también mantiene el recuerdo de lo inmediato de los primeros tiempos de cada uno.

Conozco a Fernando Bayón desde hace tiempo. Doctor en derecho y doctor en filosofía, ha dividido su vida profesional entre lo académico y la dirección de empresas, ambos perfiles aparecen claramente en sus poesías y si, en frase repetida del autor, "la poesía es un refugio fundamental de la inteligencia", este poemario parece enfocado a ello pues hace una inmersión inesperada en lo profundo de los recuerdos y las emociones.

Tampoco quería dejar de ver si hay algún emparentamiento entre la poesía de Fernando y la que uno mismo ha escrito, raramente, en algún momento de su vida. Como fue el caso de mi Canción para la Marcha Verde, *que publiqué en Madrid en 1993, en un poemario del padre de José María Cruz Novillo, nuestro mejor autor de logos de empresas. Incluido el que tantas veces sorprende de las siete estrellas del Carro de la bandera que él inventó para la Comunidad capitalina, recordando una parte de la constelación de la Osa Mayor. Que fue el escudo desde hace mucho tiempo de la comarca de Carpetania, al norte de Madrid, en diseño oblicuo con centro en la Sierra de Guadarrama.*

Allí fue este mal poeta cuando hizo la siguiente reflexión:

No seré yo quien discurra
sobre estas gentes que llegan
de los campos, y las sierras,
de los valles y majadas.
No seré yo quien haga de poeta
para exaltar en un canto,
o para expresar en lo alto,
lo que siento por los campos,
por los prados, los cerros y los llantos.

En el caso de Fernando Bayón no hay marchas por montes o planicies, que con un primer paso inician un largo recorrido ulterior. Ni hay tampoco esforzados itinerantes que buscan explicar su situación para ser reconocidos como hijos del agro que merecen una encomia y una gratitud.

En el caso de Fernando nos encontramos con una relación íntima, permanente, que va desarrollándose en una serie de pasajes, desde dentro (Ab Intus), De Natura *con efecto de la naturaleza, y a* Trazos, *por lo que hay de encuentro del poeta con el interior personal de uno. No sé si al final habría que decir que la poesía de Fernando Bayón es esclarecedora y limpia co-mo el agua transparente de un vaso, como dijo en un símil una vez el poeta que fue José María Pemán.*

De Benedetti hemos aprendido que "los poetas vierten, inevitablemente, una parte de su ser íntimo en su poesía", y de José Hierro que "una poesía sin el sentimiento, sin la pasión y sin la energía vital del autor, no es poesía". Bayón ha interiorizado bien estos dos pensamientos.

Hay en los versos de Fernando, en fin, una transparencia inmediata, que permite apreciar mejor lo que es la paz al lado de una persona inolvidable, las ansias de la misma, y también alguna última inquietud no satisfecha de la precisamente última canción, Volveré mañana, *sin olvidar un cierto* Quejido, *y unos asuntos que guardar cuidadosamente en el* Cofre del olvido.

Los poemas 61 y 62 son una buena terminación: Supervivientes del amor *y* Vivir la vida de todos los días. *Es lo mejor para un tránsito expresivo de que la vida es el mejor regalo que se nos pudo hacer.*

Ramón Tamames
Economista del Estado. Catedrático. Académico

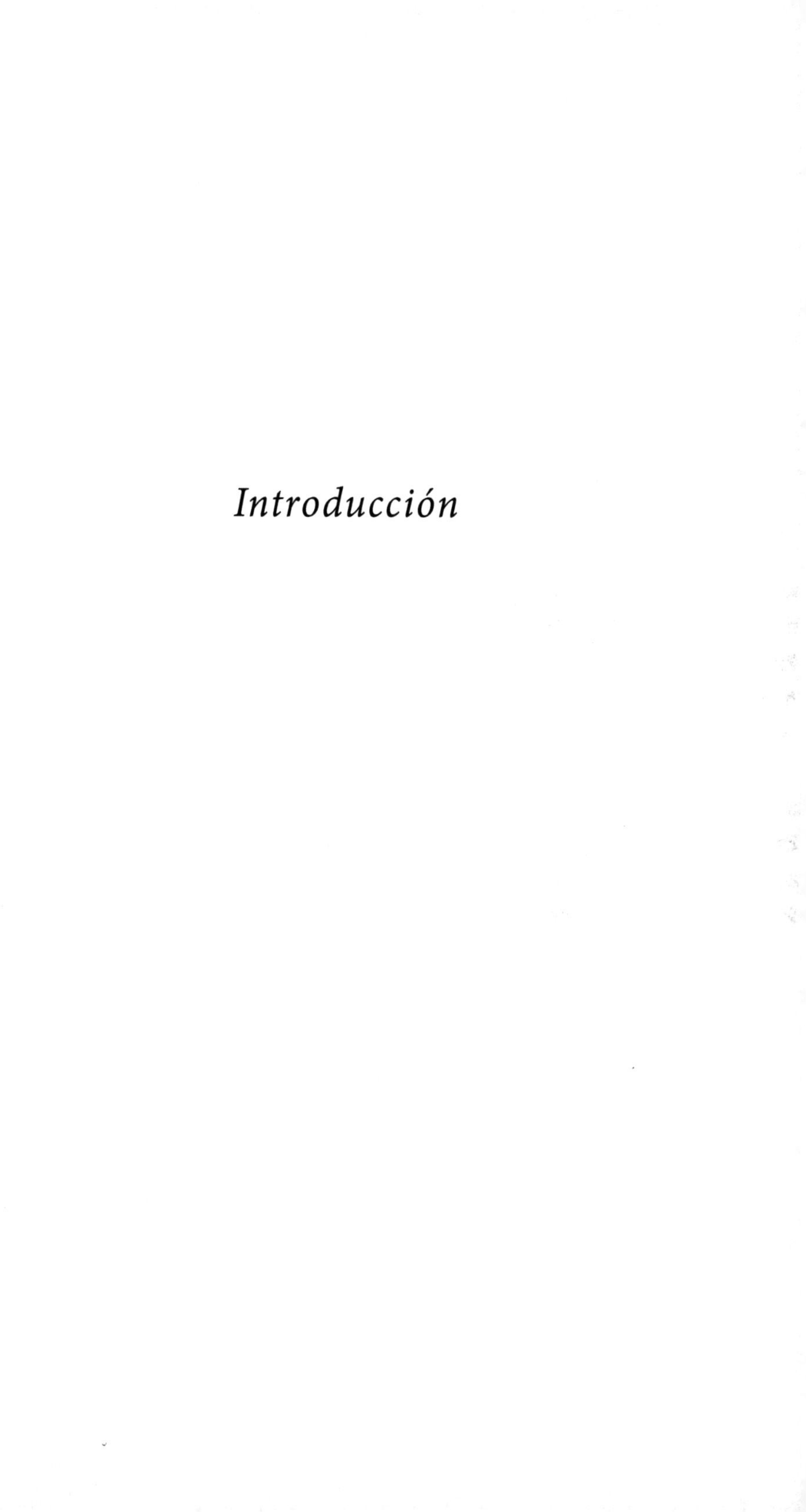

Introducción

¿Qué es *Little Eternity*?

Little Eternity representa el conjunto de recuerdos, pensamientos, sentimientos, vivencias, emociones, sueños o ilusiones que, reales o ficticios, cada persona ha ido atesorando a lo largo de su existencia para crear una mochila personalísima que constituye parte importante de su personalidad secreta y profunda.

Todas las personas tienen su Little Eternity aunque solo lo afloren de vez en cuando. Cuando entramos en nuestra Little Eternity, nuestro estado de ánimo cambia y se hace más maduro, más seguro, más íntimo y añorado.

Este poemario recupera precisamente un Little Eternity que bien pudiera ser modelo para que cada lector resucite el suyo. Trata de involucrar al lector en su propia realidad o en su existencia onírica y ayudarle a adentrarse en el conocimiento de su yo.

El poemario está estructurado en cuatro conceptos, y a su vez estos en dos canciones.

El primer concepto: *Ab Intus* (desde dentro) trata de la relación de cada persona consigo mismo. El segundo: *De Natura* se refiere a los efectos que la naturaleza produce en el ser humano. El tercer concepto: *Fogal* representa el canto al amor y finalmente, el cuarto: *Trazos* es el verdadero encuentro con el interior personal intransferible de cada quien.

Little Eternity es un credo vital, una protección frente a la realidad que vive la persona y una enriquecedora entraña de su más profunda y escondida personalidad.

Los poemas fueron escritos (en su mayoría) en Madrid entre los años 2021 a 2024. Aquellos que fueron escritos en otro lugar o tiempo llevan su referencia junto al título del poema.

El mayor deseo del autor es que el lector haga suyo algunos poemas de este libro o al menos le incite a buscar o recrear su propio *Little Eternity.*

Primer concepto: Ab Intus

PRIMERA CANCIÓN
MI IDENTIDAD

1. De mí

Recordar o renunciar. Recibir o perder en el camino.
Romper las noches con llantos y alaridos
de reproches por caer en el desierto del olvido.

Solo soy lo que he recogido de mi vida del ayer,
lo que he aprendido viviendo la vida diariamente,
lo que dejé, sin saberlo, como huella impertinente,
como ejemplo o como nada del amor y del querer.

Sin quejas perpetuas no hay nuevas metas,
sin amores verdaderos no existe recompensa,
sin esperanzas ya no queda nada por sentir.
Mis ilusiones y mi alma son la luz de mi cometa.

Si no soy libre:
¿por qué soy feliz?

2. Aceptación

Nadie puede ser feliz si no es uno mismo.
Nadie podrá ser feliz si está contra su yo.
Comprensión de los espacios y los tiempos
que rompen pensamientos y alejan la verdad.
Cadenas y condenas para vivir mañana
y ritos y canciones en cada despertar.

Estoy entre la agonía y la esperanza.
Estoy entre los sueños y la realidad.
Estoy entre la sed y los deseos.
Pienso, recuerdo y siento.
En el escenario de mi vida vivo,
y en mi conciencia, está
el resumen de toda mi existencia.

3. *El magma de aquellos ojos*

Ante el llanto, la sonrisa;
y ante el pudor, la pasión prendida
de esperanzas sin retorno.
Quizá pueda olvidar todo lo aprendido
y aprender de nuevo lejos de la verdad,
lejos de lo que ahora pienso y siento
para alcanzar la libertad
y recorrer el camino del mañana.

Cuando tú me miras, el sol me mira
y dentro de mí, estalla el ímpetu
de conquistar el universo
con la mano tendida hacia el inmenso
magma del placer de tu mirada.
La mirada de aquellos ojos milagrosos
guardados hoy en el rincón de la ignorancia.

4. *Un paraíso indefinido*

Cantar juntos o callar mirándonos
durante un paraíso indefinido.
Cuando camino fuera de mi sendero:
erro y peco.
Cuando sueño un instante verdadero:
miro y siento.
Cuando vuelvo al sincero pensamiento:
creo y acierto.
Cuando pienso en ti y estoy contigo:
sonrío y vibro.

5. Canción o confesión

I

Amor o instinto.
Engañando al sentimiento,
engañando a la emoción.
Cambiando la verdad,
viviendo en un engaño.
Todo pasión y todo fuego.
Aceites de tantra y de pétalos prestados,
lluvia de tus secretos escondidos y sagrados.
Todo caricias. Todo llanto,
y toda la noche envuelto entre tus brazos.

II

Cuando cambia la magia
se calla el canto
y cambia el llanto de tu penar.
Amores que mueren con la verdad,
mientras mi piel se rompe y se agrieta... una vez más.

III

Dime que nunca estarás lejos,
que siempre viviré en tus miradas,
que allá, en el horizonte, en el infinito
y en el extremo de la vida:
estaré contigo.
Alegre eufemismo de la verdad.

6. *Luz de futuro*

Luz tenue. Luz de silencio.
Alguien pronuncia mi nombre.
Luz oscura de un sol ya muerto.
Aurora perdida, mañana nueva
que vuelve a sonreír. Afán abierto
a las miradas del eterno firmamento.

Con un beso y mil caricias
recupero la fe y la consciencia.
Vuelvo a ver a través de tu sonrisa
para acallar el duelo de tus ausencias.

Una pasión busca tu silueta
y una palabra sincera abre la puerta
de mi pasado violento, hoy transformado
en futuro de paz soñada y deseada armonía.
Luz de futuro, luz de mi vida,
que adorna el confort de mis constantes fantasías.

7. Tu nombre es Ayer

Toda la noche esperando para jurar en vano tu perdón.
Ayer se fue. Ayer no vuelve.
Tú estás ya en el ayer huida para siempre.

Mirando al infinito he conocido otros enigmas y misterios
abiertos a una verdad sin condiciones.
Ayer se fue. Ayer no vuelve.
Tú estás ya en el ayer huida para siempre.

Tuve la emoción de estar otra vez enamorado.
Una dulce sensación,
una nueva fe,
una nueva esperanza.
Resucité.

8. De mi consciencia

(Santander / 2002)

1. NO LO SÉ

No lo sé.
Pero sí sé lo que quiero,
lo que busco y lo que tengo.
A veces me atormenta no conocerlo,
y otras veces no quiero ni saberlo.

2. PERDÓN O IMPULSO

Perdón o impulso de amor y de deseo;
envuelto en llamas el corazón
y el pensamiento ardiendo.
Inquieto por tenerte y recordarte
entre las nubes de la realidad y de los sueños.

3. RELÁMPAGO DE PIEL DESNUDA

Fugaz relámpago de piel desnuda
cruzando en la noche un campo de amapolas.
Quizás el espíritu oculto de tu triunfal figura
llamando de nuevo a nuestras sórdidas horas
vividas sin miedo, en la pasión y la locura.

4. EL TIEMPO DE LAS AURORAS

No hay tumbas vacías en mi jardín.
Hay consignas de vida y de pasión.
Mi cuerpo vuela con alas de paloma
mientras escucho, lejana, la trémula canción
de las noches ganadas al tiempo de las auroras.

5. EL ECO DE UN SUEÑO MUERTO

Abro la puerta y veo el eco de un sueño muerto
como semilla de un sueño nuevo.
Caminar alegre de mis recuerdos
que guardo todas las noches mientras me acuesto.
No hay renuncia. No hay angustia. Solo la vida vivida junto a ti.

6. VIDA Y SENTIMIENTO

Mia, tuya, suya, esperanzas de pasión.
Mio, tuyo, suyo, realidades de dolor.
Canciones vertidas al viento,
noches de mil sentimientos,
y vidas amigas, vividas sin calor.

SEGUNDA CANCIÓN
EL SÓTANO DE MI RECUERDO

9. *El sótano de mi cerebro*

(Almería / noviembre 2021)

Descendí al sótano de mi cerebro
y solo encontré una fe abandonada.
Visión perpetua de un mismo ministerio
agotado por el uso y por el tiempo.
Quedó plantada la voz de nuestro Dios
como plantados están la rosa y el olivo,
como perdido su recuerdo irrenunciable
y como dolor de su gesto negativo.
Ahora todo es extraño y diferente.
Ahora es la hora de viajar sin equipaje
a otro destino más sereno de la mente
diciendo adiós sin rastros de tristezas.

10. Sobre un sueño repetitivo

Era de noche, quedé dormido.
Soñé contigo sin permiso tuyo.
En el sueño me escuchabas,
me acompañabas y quizá me comprendías.
Juntos sonreíamos. Surgió la pasión
y tras un beso cambió tu rostro
como el aire cambia a cada instante,
como el mar abandona los silencios,
como el día camina hacia la noche...
y abrí los ojos.
En el oscuro profundo de aquella historia
pude mantener tu recuerdo en la memoria,
en la que habitas desde entonces si saberlo
envuelta en oro y proclamando tu victoria.

11. Decisión: odiar o amar

(Santiago de Compostela / otoño 2018)

1

Los secretos, el silencio, el pensamiento
no son suficiente para encontrar la paz del alma.
La luz y la esperanza, las palabras,
el sentimiento y tu llamada
serán capaces de resucitar la mirada
y la decisión, consagrada a mi dios, de odiarte
o de amarte locamente.

2

Vender el cariño con trampas y mentiras
y comprar el engaño con ilusión y esperanza,
solo deja hiel y desengaño anclado en las entrañas
y fuego abrasador cargado de vergonzante ira.

Odiar o amar es la verdad del tiempo eterno,
del tiempo que rompe la paz y el silencio.
Es la duda de la mañana vacía y angustiosa
que concluye con un beso, una caricia y el vacío de la nada.
La paz del alma: quimérico olimpo hecho añicos
por el miedo a que un día... tú te vayas.

12. En el fondo de mi límbico pensamiento

Miro y no te veo, pero cierro los ojos y te encuentro
en el fondo de mi límbico pensamiento
envuelta en gasa, ilusionada y eterna,
como Cenicienta perdida en el desierto polvoriento
de la vida.
Te siento en el ardor de tus esencias
y mi alma me lleva hacia tu rastro.
Tras un viaje por caminos de misterios,
encuentro tu nombre y tus acentos
envuelta en el celofán infinito de los infinitos tiempos.

13. Voló sola

(Bogotá / 2015)

Se fue. Voló.
Se fue más allá del horizonte,
más allá del universo.
Voló junto a las nubes.
más allá de la esperanza
dejando atrás el recuerdo.
Se fue y desapareció.
Paloma o mariposa. Voló sola.
Una enorme estela de luz blanca
y siempre una sonrisa imaginada.
Siempre una mirada.
Fuerza de vida. Días del mañana.
Limpio el corazón y limpia el alma.

14. Tu piel

(Santander / 2023)

Recuerdo la primera vez que rocé tu piel.
Entonces me enamoré del olor de tu piel,
de tu piel suave, dorada y cegadora.
Me llevaste a un sueño eterno
cuando cerraste con tú piel mis emociones,
cuando buscaste cubrir todos los rincones
de mi vida y mis amores.
Cuando abrazaste todo mi cuerpo
con el calor de tu pasión y tu esperanza.
Nunca pude imaginar tanto deseo y tanta angustia.
Recuerdo triunfal de una soledad perdida.
Recuerdo fugaz de mi búsqueda y mi ansia.

15. Todos mienten

(Oviedo / junio 2023)

I

Todos mienten con promesas y amenazas:
una espada.
Todos mienten su amor con balas de la esperanza:
una palabra.
Todos buscan un deseo bajo el yugo de tu mirada:
una madrugada.

II

Ni perdón, ni oración,
ni una promesa falsa,
ni un recuerdo.
Todos mienten cuando pregunto tu nombre,
y cuando apareces todos callan.

III

No sé cómo llamarte porque no te conozco.
No sé cómo eres porque no eres nada.
Ni siquiera te recuerdo, y tu recuerdo me abrasa
Te adivino tras una silueta perdida....
Por fin tú. Por fin tu alma.

Segundo concepto: De Natura

TERCERA CANCIÓN
BUSCÁNDOTE EN LA NATURALEZA

16. La muerte de la rosa

(El Escorial / otoño 2000)

Me di cuenta de que la muerte de una rosa
es el llanto de la tierra,
es recóndito dolor de mi alma abandonada,
es llaga ensangrentada
y úlcera infectada de misera vergüenza.
Quien dio muerte a la rosa morirá en la horca.
Pero...quien dio color al pétalo de nácar
dio alas al corazón de la esperanza.

17. Búscame en el arrecife

(Guetaria / 2016)

Búscame en el arrecife
y regálame noches de nácar y azul.
Rompe tu fe amando a una sirena
entre corales y perfumes de mujer
que ayer cuidaron tu corazón y tu gangrena
abandonados a un idílico misterio.
Misterio del ermitaño que murió sin sentimientos
refugiado en las almenas de tu nombre.
Pasaporte para vivir en las tinieblas
de la profundidad de las olas del mar
y encontrar al despertar de cada día:
terciopelo de piel amada, luz de lejana esperanza,
un pensamiento de niño y sabor a sal.
Búscame en el arrecife donde te aguardo
en los sueños eternos del amor o de la nada.

18. Un destello de luz

Miro al cielo. Bendigo el sol y la luz.
Soy feliz por vivir, por soñar y por reír.
Eres mi mano, mi sonrisa y mi virtud.
Respiro y miro otra vez al firmamento,
en tu recuerdo y en tus brazos vuelvo a dormir.
Inquietud constante por buscar tu compañía,
y en un momento se desvanece mi esperanza.
Todo termina.

19. Te robé un beso

(Sanlúcar de Barrameda / 2019)

Tantas cosas me contaban el ruido de las olas
que con el silencio era suficiente.
Mirando y soñando: así pasaron las horas
ante la inmensidad profunda de mis ojos,
como manantial de vida eterna y para siempre.
En el horizonte brilla huido el sol.
El trotar de los caballos me retumba desbocado
y entre tus labios te robé un beso.
Un recuerdo, un sueño sin sueño.
Mañana el mar me seguirá llamando,
será un adiós sin despedida.

20. En tus nubes

Tu figura, híbrida de realidad y fantasía,
reposaba segura entre las olas,
inundando de tu aroma todo el universo.
Con un beso, tu espíritu penetró en mis entrañas.
Quisiera tener en todos los minutos de mi vida,
los sentimientos ardientes de tu excitante sonrisa,
y visitarte en tus nubes de alabanzas
en las que guardas tus secretos
y en las que habitan las esperanzas.

21. El jardin de mi vieja casa

(El Escorial / 2001)

El aire sopla y se rompe contra mi cuerpo.
Descanso al calor de un tiempo nuevo
para abrazar las amarguras de mis viejos pensamientos.
¡Cuántas flores en el jardín de la vieja casa!
¡Cuántas ilusiones!
Juegos, malicias y canciones,
guiños, miradas y escondidas intenciones
que los años maduraron a golpes de telarañas.
Ilusiones inventadas.
Hadas y morganas con regalos sinuosos
para lisonja vanidosa de mis oídos y mis ojos.
Un deseo: creer en la juventud pasada,
en el pasado eterno que denuncia
la verdad de mi reloj y de mi espejo.
Nunca renunciaré al jardín de mi vieja casa.

22. Frente al mar Caribe

(Santo Domingo / noviembre 2022)

I

Conocer el silencio de mi alma
y regresar al aroma del pasado.
Bruñir entre sábanas y almohadas
el olor penetrante de tus hados
que velan por segundos mis entrañas
y tejen entretelas de ilusiones
buscando ansiosos morir en tu regazo

II

Luz que siega de raíz el pensamiento,
para hacer de sus rayos la diáspora
de ilusiones y sueños que se cruzan
y se pierden en el alba cotidiana.
Ni helechos impregnados de roció,
ni madera del árbol talado por su tronco.
Solo tu.
Solo tu color, solo tus olas, solo tu ruido.

III

Una sonrisa cercana, muy cercana
y un beso dulce. Beso repetido
que llena de locura mis blancas esperanzas
como religión y valor de mis sentidos
que siempre están perdidos. Perdidos para siempre
y solo recuperan la fe, al verte y al tenerte.

IV

Una canción de asombrosa melodía,
una nube cubierta de milagros,
una noche de luna embravecida
y la figura perpetua de la paz y la armonía.
Renunciar a todo. Solo queda la ausencia,
solo el espasmo, tu éter y tu huida.
Quedo solo. Casi muerto,
sin conceptos que alimenten mi paciencia,
sin palabras, ni vivencias de otros tiempos,
ni figuras que remplacen tus ausencias.

V

Una mirada a tu eterno horizonte inagotable.
Una perpetua sonrisa de cómplice ilusión.
La masa inmensa de tu soledad soñada
y el roncar constante y dulce de tus aguas.
Afortunado de mí, que puedo comprenderte.

CUARTA CANCIÓN
INMENSIDAD ATLÁNTICA

(Samaná / otoño 2021)

23. *Inmensidad*

Inmensidad. Enorme y furiosa
tormenta de luz y de agua embravecida.
Canciones del mar. Voz batida
por el roncar de oleadas borrosas
de sal, de misterios y leyendas
que, a lo lejos, dejan en el aire
canciones de ron y olor de nada.
Nunca tuve tanta fe y tanta fuerza
poseído de infinidad atlántica,
cargado de razones y esperanzas,
de amores siniestros y besos de mil almas.
Inmensidad...inmensidad y luego calma.

24. La sirena y el abismo

La sirena que volaba entre las nubes
encontraba en el firmamento un poco de paz y un poco de tiempo.
Los astros, iluminados, saludaban su regreso
y la lluvia difuminaba tenuemente su figura.
La sirena reiniciaba su camino astral en solitario
disfrutando de un espacio infinito y casi nuevo.
En el renacer de su esperanza, en medio del fuego y la tormenta,
encontró el ascenso definitivo hacia su eternidad
inspirado en el abismo inexistente,
y en el respirar profundo de su nombre.

25. Realidad abandonada al desencanto

En el último mensaje de la esperanza
estaba tu figura y tu tiempo del pasado.
Estaba la fe teñida de añoranzas
y la imagen destruida de tu encanto
que tuvo ayer amor y daño de tu anhelo.
Todo fue paz. Todo fue un sueño.
Realidad abandonada al desencanto,
rasgada de un recuerdo inexistente.
Luminosa realidad de tus miradas y tus llantos
de aquellos días ya vividos,
de mil miradas susurradas por tus labios.
Tú, como sirena lejana y prometida
princesa de las aguas. Diosa de los acantos
del amor y de embeleso.
Armonía triunfal de tu inmenso sentimiento.
Sueño ceñido al destino de los hados.

26. El ruido de las olas

El ruido de las olas en la orilla
no necesita silencio.
El amor bravío de tu encanto
no necesita más besos.
El sabor a sal de tus abismos
anida poro a poro en mi piel
como rubrica fugaz de tu recuerdo.
Volver a sentir la inmensidad de tu presencia
o renunciar al placer de los sentidos.
Inmensidad y grandeza. Temor y recompensa.

27. Lucidez de mi existencia

Y luego trataremos de recordarlo,
bajar de la luna a la mirada de otros ojos,
y abandonar el infierno para vivir
la vida de otras vidas.
Olvidar las agonías y conquistar un nuevo paraíso.
Volver a viajar entre quejidos,
volver a suspirar por tus canciones
sentidas en las hogueras de las noches
milagrosas, de nuestras caricias ya caducas,
muriendo en tu orilla con plena lucidez de la existencia.

Tercer concepto: Fogal

QUINTA CANCIÓN
PAZ A TU LADO

28. Perfecto despertar

Al despertar, siempre estás tu a mi lado,
y es perfecto.
Tus besos, tu mirada, tu piel, tu calor...
Coctel de deseo y de pasión.
Vivir y volver a sentir
solución concreta al tarot de mi existencia.
Quizá fue suerte de un destino egoísta
o necesidad de un camino ya agotado.
Olvidaré las causas y no buscaré la razón
que pueda deslucir mi fantasía.
Solo sé que al despertar
siempre estás tu a mi lado,
y eso es perfecto.

29. Tristeza

(Évora / 2024)

La lluvia lava diariamente lo vivido ayer.
¡Qué difícil regresar a un tiempo más feliz!
¡Qué triste recordar!
Las canciones suenan mudas y vacías,
las noches se hacen más oscuras y más largas,
las lágrimas se secan.
Todo parece inane y gris
y en la nueva soledad, yo sigo solo.
¿Dónde estás?
Vives fuera de mi mundo,
vives sin mí, aunque estés conmigo.
Vuelve a llover.
Tampoco estarán mañana los sentimientos que ahora
    me atormentan
y tampoco estarás tú.
Necesito huir y refugiarme en ti,
necesito volver a tu calor
y que juntos abramos la ventana para ver llover.
¡Ayúdame a derrotar mi tristeza!
¡Dibújame un trazo de esperanza!
Déjame volver a sonreír.

30. Inútil vivr sin ti

Eres el zenit de mi vida. Eso eres.
Cierro los ojos y miro.
Me transporto al país de las nieves y los vientos.
Tengo frio.
Solo a tu lado encuentro calor,
tu mirada me abraza. Me ciñe.
"Te quiero", me dijiste. "Quiero lo que quiero".
Y entre cantos y suspiros nos amamos.
Imposible renunciar a tus encantos.
Inútil vivir sin ti.

31. El imán de tu sonrisa

Mirar tu boca desde lejos.
Sentir el imán de tu sonrisa.
Abrir la pasión al íntimo recuerdo
de tu mirada lejana de otros tiempos.
Las añoranzas resucitan pensamientos,
ilusiones y canciones marineras de otras vidas,
buscadas por millones de esperanzas
recónditas, olvidadas y perdidas.
Poco a poco me fui acercando a ti
ideando beber el néctar de tus labios,
y casi de improviso te besé.

32. Nacer contigo

Quiero volver a nacer contigo.
Quiero volver a nacer en ti.
Vivir en tu figura y en tus labios
y reír con tus canciones y tus besos.
No sé quién soy, si no estoy a tu lado
me pierdo en una vida sin sentido:
por ello y para siempre
me alojo en tu voz y en tu cintura
y muero por soñar eternamente entre tus brazos.

33. Ser feliz a tu lado

Rozar tu piel, acariciarte
y sentir por todos los rincones de mi cuerpo.
Encontrar la paz en tu regazo,
olvidándome de todo lo demás.
Recorrer poro a poro la piel de tu cintura,
romper en sollozos y en sonrisas al amarte.
Tu saliva es mi savia de eterna juventud,
y tus noches la mayor aventura de mi vida.

No puedo dejar de recordarte al despertar de cada día,
ni puedo esperar tantas horas para volver a amarte.
No quiero olvidar un solo instante de nuestras vidas.
Quiero estar a tu lado. Quiero gozarte
para alcanzar el cielo de tu mano:
y ser otra vez feliz.

34. Tu piel rutilante

El sol, la luna y las estrellas se encienden al verte.
Mi corazón late y mi alma brilla al tenerte.
Mis horizontes se hacen inmensos al mirarte.
Mis pensamientos vuelan hacía ti. Siempre están en ti.
Compartir contigo es llenar la emoción de cada día.
Conciencia perenne del amor satisfecho y feliz.
Recurro a ti en mi llanto y en mi risa.
Vivo la plenitud al amarte
y al acariciarte, mi piel se convierte en tu piel
y tu piel en gasa evaporada infinita y rutilante.

35. *Juntos*

Juntos en el acantilado mirando al mar;
el sol, de repente, se precipita y el horizonte se incendia.
Juntos ardemos de amor como arde el horizonte;
juntos amando llega la noche y todo enmudece.
Solo nuestros quejidos de amor y de pasión,
solo el roce sudoroso de la piel reflejo del dolor
de un beso enfurecido y dulce
de dos cuerpos unidos en nuestro único cuerpo,
y de un cariño irrepetible y cierto.

El tiempo pensado en un pasado eterno,
testigo de un constante pensamiento
que encuentra inquieto y cálido refugio
en tu nombre, en tus labios y en tus pechos.
Siempre vivo el recuerdo de un querer enloquecido,
herido, imposible, olvidado y peregrino.

36. Hadeel

Una suave caricia por mi espalda,
un beso perdido cerca de mis labios,
una mirada de pasión comprometida
y mi vida cambió en un instante
amaneciendo envuelta entre tus brazos.

Amor prohibido. Bendición del corazón.
Y entre un tiempo de esperanzas
llegó el tiempo del adiós:
llegó el despertar sin tus miradas,
la sonrisa enamorada del recuerdo
y la mística mentira del perdón.

Ahora, distante, sé que fuiste mi huida,
mi resucitar eterno. Mi locura soñada
por fin vivida en tu calor.
No has de volver porque no te has ido.
Te idealizo, ya muy lejos,
y te amo locamente cada noche
en el silencio de mi consuelo.

Vuelve. Aquí estoy para ti.
Eternamente tuya. Eternamente libre
envuelta en tu olor y en tu canción
y misteriosa, como siempre, en tus palabras
de armiño y de alabanzas.
Vuelve, que siempre estaré para ti.

37. 26 semanas

Veintiséis semanas estuve contigo.
Veintiséis semanas viviendo tu amor.
Veintiséis semanas de un mundo soñado.
Veintiséis semanas de fuego y pasión.

Hoy no tengo pensamientos
porque solo pienso en ti.
Hoy olvidé mis sentimientos
y en tus selvas me perdí.

Guárdame entre tus secretos,
sin olvido y sin rencor.
Guárdame entre tus nubes
y canta, otra vez, nuestra canción.

Veintiséis semanas estuve contigo.
Hace tiempo, mucho tiempo que pasó.
Veintiséis semanas bebiendo tus besos
esperando el regreso de tus labios bellos
y la loca dulzura de tu corazón.

SEXTA CANCIÓN
ANSIAS DE TI

38. El viento de tus aromas

(Entre Bolonia y Ferrara / 2018)

1

Ilusión por oler tu aroma de amapola
y quedar mirando tu rostro y tu cintura.
Ilusión por encender tu alma de amor y de hermosura
buscando desordenados deseos de caricias y calor
en las entrañas de un cuerpo enamorado y rendido a ti.

2

No pidas disculpas por ser feliz,
ni te avergüences por ser tan guapa.
Deja tu melena al viento
y conquístanos con tu mirada.
Resucita cada día el amor que te enamora
saboreando cada instante de su magia.
Embelesa tu vida, tus sueños y desvelos
con besos, caricias y risas nacaradas.
Llena tu corazón con la esperanza,
y no faltes nunca a la llamada del amor
porque es fugaz, rauda y escasa.

3

En los recónditos espacios oscuros de tu cuerpo
vivo ilusionado en la nostálgica locura del amor,
espero la explosión de tus aromas, como la luz
apasionada de un sol que emerge de tu calor
y abrasa mi piel.
Mis manos recorren la ilusión
de un placer inmenso que pronto será brasa de rencor.
Viento de tus aromas. Noches de pasión.
Viento de tus aromas. Miradas y besos de un adiós
que nunca será mañana,
pero...
siempre recordare el viento de tus aromas.

39. Ilusión, realidad y tiempo

La ilusión se evapora y responde lejana y tenue,
la realidad emerge poderosa y exigente,
el tiempo del mañana será un misterio de energías.
Pero ahora es el momento de parar el pensamiento
y alzar los ojos al cielo buscando el infinito nuevo:
un infinito de eternas ilusiones, para hacer frente
a la locura de mi vida errante, vengadora y persistente,
Ilusión de ti, o del amor fugaz y ausente;
ilusión de mí, o al miedo del irónico presente,
ilusión de nada fabricada a golpes del herrero,
ilusión vacía para hacer un milagro y completarla
con las cosas de todas las horas y todos los días,
y al final;
el sabor a hogar convertido en estímulo de acero.

40. Estímulo

I

Salir de mis pensamientos para pensar en ti,
es un viaje furtivo, incierto y escabroso.
Es huir hacia un fin desconocido, a veces irónico,
y siempre perdido en la memoria y en el cuerpo
de tu nombre: Amor, amor dulce y secreto,
suave sueño casi real; onírico sentimiento.
Te veo, te descubro y al instante muero
entre la armonía de las noches y del viento
que amenaza con llevarse para siempre mis recuerdos.

II

El olor de la mañana es diferente cada día,
a veces olor de auroras, olor de flores y nostalgia.
Olor de colores y canciones. Olor de nada.
Tengo que escapar y refugiarme lejos,
llegar a ti y hacer un nido de paz y de amargura,
dulce hiel que siempre engaña
y nunca permanece, aunque nunca acaba.

III

Mis ansias ceden, decaen mis fuerzas,
mi alma vibra, mi corazón navega.
La fantasía retumba ante mi puerta
y, enciendo mi vida con luces nuevas.
De nuevo salgo de mis pensamientos para pensar en ti.

41. Ermitaño por perderte

(Panamá / 2015)

Si dijera ahora la verdad, tendría que mentirte,
porque en el mundo paralelo en el que vivo
no hay lugar para la vuelta atrás.
Sería un consuelo sin confesión y sin perdón
para aprender de nuevo a besarte y a quererte.
Solo el descanso de un fanático amor
de falsa realidad y de falso sentimiento
podría alegrar mi pensamiento al verte
postrándome rendido al furor de tu pasión.
Pasión imposible y vana lejos de tu alma,
quedando huérfano de la energía vertida por tu olor,
ermitaño para siempre y para siempre agotado por perderte.

42. Tu piel se convierte en seda

Donde tu piel se convierte en seda
descanso eternamente enamorado
apoyando mi cabeza acariciada por tus manos.
Sonriendo al mirarte. Mirándote y soñando
con el sabor penetrante y dulce de tus labios
y el aroma perpetuo y sereno de tus pechos.
No hay pétalos, ni sedas, ni dulzura
que pueda compararse a tu regazo.
No hay canción, y nunca habrá milagros
que supere el despertar entre tus brazos.
No habrá otra mentira más allá de tus sollozos,
ni la amenaza de una sombra en las alturas
que rompa la ilusión y la esperanza
de vivir mi vida debajo de tu piel.

43. A ti, que ya me olvidaste

Recuerda, para olvidar aquel instante.
Desnuda tu mente y miente a la verdad.
Busca el espíritu de los años ya vividos
para añorar las nostalgias en la libertad
de los poemas eternamente dormidos.
Aquella caricia, aquellas horas...
Un beso abismal envuelto en mil segundos,
una penitencia de perdón y una canción,
el ruido de la vida sepultó nuestros encuentros
y en tu regazo solo queda un resquicio de mi olor.
Ni tu dios, ni tu memoria serán nunca capaces
de hacerte recobrar el sentimiento de mi nombre.

44. *Abrazar tus silencios*

(Tánger / 2016)

Te vi un día en la ventana de tu palacio,
volví a verte en el parque paseando,
ayer te vi en los brazos de una nube,
y hoy tu recuerdo me atormenta.
Fugaz tu presencia y tu figura eterna,
capaz de olvidar el amor cada mañana
y de comprar el mundo con tus besos.
Tenerte entre sueños y misterios
es beber un néctar venenoso
para morir abrazado a tus silencios
y aceptar un futuro sin retorno.

45. Carta imperecedera

Ya sabes que no existe el tiempo,
que no hay trabas, obstáculos o problemas.
que el amor sobrevive, triunfa y gana
y entre los dos el espacio se condensa.
Alma con alma se unen y distancian
como las olas en la orilla de la playa.
Entre besos de pasión y miradas de cariño
nuestras vidas vuelven hoy y volverán mañana,
juntos, con el ánimo abierto y la ilusión intacta.

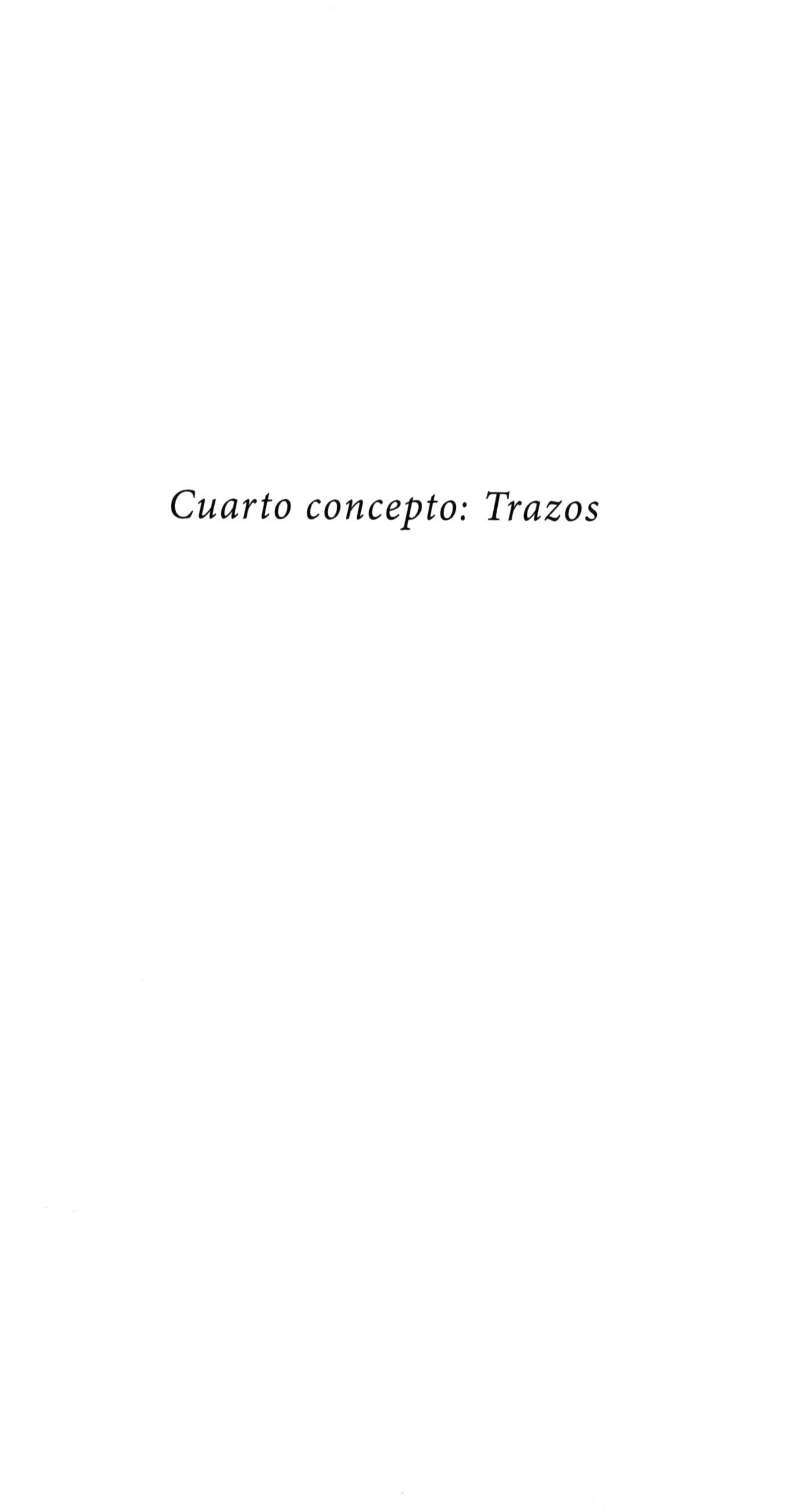

Cuarto concepto: Trazos

SÉPTIMA CANCIÓN
ECOS

46. Rosas de tinieblas

Rosas de tinieblas, oscuras y calladas;
voces lejanas de ron y pedrerías;
nubes que cubren noches de viejas anjanas,
un rostro, embravecido, emerge y vaga
por calles, y por bares; por riberas y cañadas.
Es la imagen vengadora de un tiempo ya pasado
que reclama la fortuna de un amor que nunca tuve,
liberando fantasías de sueños abandonados,
y de abandonados besos reales o imaginarios.
Decisión:
Renunciar al camino, media vuelta y al hogar,
al llegar, el milagro cotidiano de tenerte y de mirarte,
de acariciar tu piel y apaciguar el alma.
Los gnomos han perdido; tu pasión gana.

47. Aquel día en la feria

No recuerdo qué día, pero un día fui a la feria.
Aquel día en la feria todo era gente.
Todo eran gritos. Todo era ruido.
Mi padre me compró una pistola,
me compró, también, una pelota
y una trompeta.
Después soñé mil noches con la feria.
Todavía guardo la trompeta.
Cincuenta años más tarde
todavía me acuerdo de la feria.

48. Falso hechizo

(Santander / 2022)

Cerré los ojos y solo la oscuridad iluminaba mi pensamiento.
Descubrí un mundo nuevo más allá del horizonte,
traté de guardarlo en mi retina y se perdió en el infinito.
Quedé fijo en la nada, y esperando se detuvo el tiempo.
Risas y llantos. Soledad en compañía de amores y canciones.
Fue un viaje fascinante a sentimientos olvidados y perdidos.
Se hizo la luz. Se evaporó el hechizo.

49. *Juventud quizá ganada, quizá perdida*

Todos los días envuelto en ruido
para vivir la vida en silencio y soledad.
Cuando consigo la paz
olvido el esfuerzo.
Cuando llego a mi destino
abandono todo lo demás.
Flores y llantos; furia y alegría
para alimentar el alma, y cantar
a la esperanza de mi cuerpo
cerrando la inquietante armonía
de lo incierto y lo real.
Dura juventud envuelta en telarañas
y difícil despertar a un cielo raso y despejado.
Sin quejas, ni quejidos,
con cariño y besos de otros labios
que calmaron aquel ayer
hoy tan lejano.
Juventud, quizá ganada, quizá perdida.

50. Pasa el tiempo

(Sevilla / 2023)

Pasa el tiempo.
Quedo quieto en los pensamientos
que un día fueron canciones de amor;
Difumino su recuerdo y en su memoria muero
entre los brazos ausentes de tus caricias.
Pasa el tiempo.
Quedo quieto en los sonidos del eco
de aquellos besos dulces y tiernos
que la vida nos negó.
Pasa el tiempo.
Quedo quieto en el calor del sol
con mi piel abierta a la aventura,
la mente ausente y confusa,
y el espíritu en reposo esperando y buscando
la paz de las palabras que se escuchan a lo lejos
en el infinito imperfecto de tus silencios.
Pasa el tiempo...

51. Gnomos

1

Siempre llama a la puerta la huella del pasado,
que coarta el sentimiento y limita la verdad.
Aislado en el presente, examino mi corazón y mi alma
procurando encontrar mi identidad
en el desván de mis eternas añoranzas.
El poder de la realidad me encarcela,
entre sus rejas adivino el mundo que no conozco
y sueño de nuevo con volver atrás: oportunidad quimérica.
Estúpida ingenuidad cuando las llamas me abrasan.

2

Al abrir los ojos, tu figura me reclama.
Al mirar al cielo. tu alma me grita y llama.
Al lavar mis pecados, tu piel me abrasa.
Al tocar tu cuerpo, mi pasión estalla.
Al amarnos, mi vida sangra.

3

Busco paz y paz encuentro,
solo un momento de sosiego.
Busco amor y tengo amor fugaz,
sorprendente tempestad de sentimientos.
Busco libertad y replican mil campanas,
aunque los viejos gnomos me amenazan.
Busco tiempo de futuro y emerge en la esperanza,
una fe resucitada vivida en tu mirada.

52. El manto de mi triunfo

1

Del cruce de los caminos: la encrucijada
que provoca la ilusión y enciende al alma.

De la noche larga y negra: la madrugada
que todo lo envuelve con la esperanza.

Del horizonte etéreo: las emociones
que avivan y tiñen todas las ambiciones.

Del tiempo caduco y muerto: el pérfido futuro
que hace del llanto, el manto
de mis triunfos.

2

Tiempo por venir. Tiempo de luz.
Vuelves a mí.
Ayer, quedó en el pasado y se fue,
pero quedó grabado en mi alma.
Un eco resuena aclamado y fiel,
también lo escucharé mañana
y tu mirada siempre sanará mi piel;
junto a ella, quedaré, en reposo, mirándola.

ÚLTIMA CANCIÓN
SIN CAUSA Y SIN EFECTO

53. Volveré mañana

Ilusiones vertidas al aire
con intención de que alguien las acepte.
Canciones de imposibles melodías
para recuperar el ego del artista.
Noches negras de blancos sueños
que resucitan pasiones olvidadas.
Caricias sentidas en la piel
esperando en el firmamento tu regreso.
Adiós al aire. Volveré mañana.

54. Pensar

1

Estoy solo y solo pienso,
solo en mis pensamientos y en mis sueños,
solo en las dulces praderas del futuro, ya cercano,
solo en el esfuerzo, solo en el empeño.
Solo sin ti.
Siempre es mejor un camino en compañía.
La meta está más próxima, y el esfuerzo es más liviano.

2

Pensar en horizontes imposibles
para olvidar el ayer jamás vivido
retumba en la cuna de la imagen
de tu voz tersa y sensible.
Inmenso amor a cada día ilusionado,
pasión perdida entre las llamas....
De nuevo volver a pensar en el olvido.

55. Espacio sembrado de ilusiones

1

Clavo en mis entrañas besos de otros pensamientos.
Cierro los ojos y no oigo nada.
Ausente.
Mis sentimientos huyen y se pierden,
mi cuerpo vive la experiencia de nuevas almas,
y todo mi universo sigue su camino. Huye.
Quedo solo,
permanezco ajeno al ruido de las espadas.
De nuevo mis entrañas brincan y saltan:
me ha llegado el aire de tus miradas.
Sosiego. No tengo nada,
pero tengo el infinito para vivirlo envuelto en llamas.
Tengo la memoria. Tengo tu morada.
Deseos, sonrisas, emociones... y tus enaguas
humedecidas cada madrugada.

2

¿Quién quiere comprar mi pasión?
¿Quién quiere heredar mi sentimiento?
Están repletos de esperanza y amor,
pero necesitan tiempo

3

Vidas envueltas con flores de tulipán
y un espacio sembrado de ilusiones.
Un sueño, un regreso o un profundo respirar
para superar la duda y mirar en libertad.
Por fin la paz; una nueva esperanza.

56. Quejido

Deseo, plegaria o sueño.
Cuenta atrás de un misterio eterno,
misión cumplida de un lejano ayer
resucitado de las brasas del recuerdo.
Amargura de una ausencia solapada
del querer y del amor perpetuo,
sin quejas ni rencores, con la dulzura de un beso:
quejido ahogado en la nobleza
del reto, el perdón y el embeleso.

57. El cofre del olvido

1

El íntimo triunfo es una llama impetuosa
que arde poderosa con mil colores
y se quema fugaz sin rastros ni rescoldos.
Solo, queda guardada en la memoria
como sello personal e intransferible,
como huella vivida de una historia
que a veces, solo a veces, amanece orgullosa
recobrando el gozo y la alegría
y de nuevo se guarda en el cofre del olvido.

2

Una palmera con piñas de risas y alegrías,
un olor de adobo dorado por el sol,
una canción marinera perdida entre las olas,
y en la fantasía, una sirena enamorada de mí.
Dulce despertar de meigas en la lejanía,
resultado de una nube improvisada de dolor,
pensamientos oscuros iluminados con farolas
y voluntad vencida hacia un amor sin fin.
Caprichoso imán que busca y atrapa mil acciones atrevidas,
el sentimiento vence y cambia el rumbo del timón,
y así, cada día arrojar al aire las viejas ropas
y abrazar la vida gozando, pensando y viviendo en ti.

3

No puedo comprender por qué me abandonaron tus besos,
no sé por qué gané la libertad perdiendo el miedo,
luce un nuevo sol intenso que ni llamé y no deseo:
nueva verdad para aceptar un nuevo sueño.
Un quejido de dolor y un placer de desencuentro.
Unos días pienso una cosa y otros días pienso lo contrario.

58 Un grito de esperanza

(Guethary / 2022)

Una y otra vez. Una vez más,
rompen las olas cerca de tu nombre.
La espuma roza tu piel y goza
de la dulzura eterna de tu cuerpo.
El mar quiere quedarse unido a ti,
mientras el viento y el sol te abrazan para siempre.
Es el momento de descansar entre tus pechos,
momentos mágicos de amor. Amor cierto
correspondido y sentido entre sueños y senderos
de penas y alegrías.
Ante un espejo bañado por la luz
del foco fijo y potente de tu figura,
miro y admiro tu desnudo deslumbrante
y las caricias de tus besos y tus manos
me resucitan en la verdad del tiempo
y en la falsedad de los tramposos recuerdos
que, ya vividos, atamos para siempre.
Estar contigo y a tu lado fue un grito de esperanza.

59. Abismos en soledad

(Santander / 2022)

En al abismo están mis pensamientos.
Mil ausencias. Mil figuras.
Mi canción.
En el abismo cercano de tu olor y tu sabor
está prendida tu mirada milagrosa
que busca, tea ardiente,
el calor desprendido de un perdido sentimiento.
Ya no hay furia. No hay caricias.
No hay dolor.
Solo el abismo inmediato que fluye misterioso
y desaparece pronto ante mis ojos
heridos de rencor.
Fue hace tiempo. No fue nunca.
Ayer o quizá mañana.
Esperaré. Esperaré:
única posibilidad de rendirme
a las nuevas esperanzas.

60. La mirada de la rosa

Entre todas las rosas, había una rosa;
un concepto de ansiedad. Un mandato.
Un cuerpo erguido delante de mi cuerpo;
un pensamiento olvidado. Una esperanza.
Entre todas las rosas, había una rosa,
que encendió mi corazón. Una razón
para mirarla y sentirla muy cercana:
una ilusión, una sonrisa, una belleza,
un manto de colores. Un tiempo perdido
y una existencia sin rutinas.
Entre todas las rosas, había una rosa
que me señaló con su mirada. Me enamoró
robándome mi soledad y mi tristeza:
Revisión constante de mis anhelos y quereres.
Entre todas las rosas, entre todas ella: tu.

61. Supervivientes del amor

Eres una incombustible contradicción,
una agonía cargada de esperanza.
De ayer a hoy: una aventura sin retorno.
Una coraza rota, un pensamiento perdido.
Romper tu paz. Cumplir tus ansias de amar
abriendo tu cuerpo, tu corazón y tu alma
al roce de mi piel, a mis caricias y a mis besos.
Vivir en el justo llanto del tiempo, del amor
y del olvido del sabor de una vida que tuvimos,
ahora, todo ello ausente y muerto en lo imposible
y ajenos a la fuerza de una pasión irrepetible.

¿Fuiste tú, mi amor o mi sueño idealizado;
fuiste realidad vivida día a día
o fugaz ilusión de un amanecer embravecido?
Quizá nada. Solo una ráfaga de viento.
Quizá nada. Sin nombre, sin figura y sin recuerdo.

62. *Vivir la vida todos los días*

Llorar y reír.
Cantar y callar.
Mirar.
Descubrir las nubes en el firmamento
y recibir el don de la paz y el tiempo.
Recorrer espacios siderales,
liberando, al fin, mis pensamientos
y abrazar las estrellas al amanecer.
Amanecer y gozar la inmensidad de la vida
para vivirla hoy. Para vivirla todos mis días.

Índice

PRIMER CONCEPTO: AB INTUS
PRIMERA CANCIÓN: MI IDENTIDAD

SEGUNDA CANCIÓN: EL SÓTANO DE MI RECUERDO

Segundo Concepto: De Natura

Tercera Canción: Buscándote en la naturaleza

Cuarta Canción: Inmensidad atlántica

Tercer Concepto: Fogal

Quinta Canción: Paz a tu lado

Sexta Canción: Ansias de ti

Cuarto Concepto: Trazos

Séptima Canción: Ecos

Última Canción: Sin causa y sin efecto

Esta obra
se acabó de imprimir
bajo los auspicios de
Charo Fierro y
Antonio J. Huerga, editores.

FINIS CORONAT OPUS